Melody Carlson

Alles, nur kein Sprücheklopfer

Salomos Weisheiten für Teens von heute

W0075494

Melody Carlson

ALLES, NUR KEIN SPRÜCHE KLOPFER!

Salomos Weisheiten
für Teens von heute

Melody Carlson
Alles, nur kein Sprücheklopfer!
Salomos Weisheiten für Teens von heute

Bestell-Nr. 271.028
ISBN 978-3-86353-028-0

Originally published in English under the title:
Piercing Proverbs by Melody Carlson
Copyright © 2002 by Melody Carlson
Published by Multnomah Books
an imprint of the Crown Publishing Group
a division of Random House, Inc.
12265 Oracle Boulevard, Suite 200
Colorado Springs, Colorado 80921 USA

International rights contracted through:
Gospel Literature International
P.O. Box 4060, Ontario, California 91761-1003 USA

This translation published by arrangement with
Multnomah Books, an imprint of The Crown Publishing Group,
a division of Random House, Inc.

Soweit nicht anders vermerkt, wurde die folgende Bibelübersetzung
verwendet: NeÜ bibel.heute, © 2010 Karl-Heinz Vanheiden,
www.kh-vanheiden.de, alle Rechte vorbehalten

1. Auflage
© 2013 Christliche Verlagsgesellschaft, Dillenburg
www.cv-dillenburg.de
Übersetzung: Michelle Träger
Umschlaggestaltung und Satz:
M. Kocherscheidt; Christliche Verlagsgesellschaft Dillenburg
Umschlagmotive: Junge: © Yuri Arcurs/Shutterstock;
Schrift: © Genotar/Shutterstock
Schriftelemente im Innenteil: © Genotar/Shutterstock
Druck: CPI Moravia
Printed in Czech Republic

INHALT

EINFÜHRUNG

Worum es in diesem Buch geht

Bist du auch manchmal auf der Suche nach mehr? Nach etwas, das wirklich Bedeutung hat, nach neuen Herausforderungen – nach etwas, das genau mit dir und deinem Leben zu tun hat?

In der Bibel gibt es ein altes Buch, das voll von Antworten, echter Hilfe und guten Ratschlägen für Menschen wie dich und mich ist. Es ist das Buch der Sprüche. Du findest es ziemlich genau in der Mitte deiner Bibel. Vielleicht hast du schon darin gelesen, aber es hat dich nicht wirklich umgehauen. Vielleicht hattest du das Gefühl, dass es wenig zu deinem Leben, deinen Fragen und deinen Problemen zu sagen hat; zum Beispiel zu so Dingen wie Gruppendruck, Drogen, Alkohol oder auch zu schwierigen Fragen über Verabredungen mit dem anderen Geschlecht und Sexualität – zu Dingen eben, die mit dem wirklichen Leben zu tun haben.

Dieses Buch wurde extra für dich geschrieben und lädt dich – einen echten Teenager aus dem echten Leben –, zum Hören und Lesen von coolen Weisheiten aus dem Buch der Sprüche ein.

Denn Weisheit wird in dein Herz einziehen und Erkenntnis beglückt deine Seele.
Sprüche 2,10

1 GOTT FINDEN

Mein Sohn, wenn du meine Worte annimmst
und meine Gebote bei dir verwahrst, wenn du
der Weisheit dein Ohr leihst und dem Verstehen
zugeneigt bist, ja, wenn du um Verstand betest
und um Einsicht flehst, wenn du sie suchst wie
Silber, ihnen nachspürst wie einem wertvollen
Schatz, dann wirst du die Ehrfurcht begreifen, die
man vor Jahwe haben muss, und wirst anfangen,
Gott zu erkennen.

Sprüche 2,1–5

Auf ihn hören

Wenn du auf Gott hörst und an jedem seiner Worte hängst, ist das besser, als einen Sechser im Lotto zu gewinnen, denn dann wirst du anfangen, Dinge zu entdecken, und feststellen, was wirklich wahr ist und was nicht. Und du wirst Gott finden!

nach Sprüche 2,1–5

Hast du Gott jemals zu dir sprechen hören? Erkennst du seine Stimme? Weißt du, wie du auf sein Wort hören kannst?

Gott spricht auf verschiedene Arten zu uns. Zum Beispiel wenn du für dich alleine in der Bibel liest. Oder wenn du eine Predigt hörst, die jemand über einen Bibelabschnitt hält. Gott kann auch durch bestimmte Liedtexte zu dir sprechen oder durch den klugen Rat eines Freundes oder aber auch durch eine Warnung deiner Eltern. Wenn du wirklich auf Gott ausgerichtet bist, kannst du ihn sogar in deinem Herzen flüstern hören. Aber hörst du tatsächlich auch immer hin, was er zu sagen hat? Denn wie jeder weiß, gibt es einen Unterschied zwischen Hören und Gehorchen.

Stell dir einmal vor, du bist zum Snowboarden in den Bergen, und jemand sagt zu dir: „Meide heute den südlichen Abhang; dort wurde Lawinengefahr gemeldet!" Du hast vielleicht die Warnung gehört, beschließt aber, nicht zu gehorchen und sie zu ignorieren, denn eine Abfahrt am südlichen Abhang ist einfach nur genial. Schneller, als dir lieb ist, kannst du dich mitten in einer Katastrophe wiederfinden, und das nur, weil du nicht gehorcht hast – du hast die Worte nicht ernst genommen.

Ähnlich ist das auch mit dem, was Gott uns sagen will. Wie oft hören wir sein Wort, beschließen aber, ihm nicht zu gehorchen – wir nehmen es uns nicht zu Herzen. Wir wollen lieber „unser eigenes Ding" machen. Und wo landen wir?

Wenn wir jedoch ganz und gar auf Gottes Wort ausgerichtet sind und hören, was Gott uns zu sagen hat, beginnen wir zu verstehen, wie wichtig sein Wort für unser Leben ist und was für uns wichtig und was unwichtig ist. Dann beginnen wir, kluge Entscheidungen zu treffen. Und wir begegnen Gott und erleben dadurch eine erstaunliche und lebendige Beziehung mit ihm.

Sehnsucht nach Gott

*Wenn du anfängst, mit dem Herzen und nicht
nur mit deinem Kopf zu verstehen; wenn
du dich danach verzehrst zu begreifen, was
Gott dir sagen will, und wenn du unbedingt
die Wahrheit kennen möchtest und du laut
herausschreist: „Gott, ich flehe dich an: Zeig
mir, was dran ist", dann wird er sich von dir
finden lassen.*

nach Sprüche 2,2+5

Gab es jemals etwas in deinem Leben, das du unbedingt haben wolltest und für das du dich auch
zum kompletten Idioten gemacht hättest, nur um
es zu bekommen? Stell dir vor, du wolltest eine
Sache so sehr, dass du schreiend hin und her laufen würdest, um es zu bekommen, und jeder würde dich anstarren.

Klingt ziemlich verrückt, oder?

Was aber, wenn es um Leben und Tod ginge?
Wenn du zum Beispiel in einem brennenden Ge-
bäude gefangen wärst und es gäbe keinen Aus-
weg? Ich wette, du würdest so laut wie möglich

rufen und schreien. Denn wenn viel auf dem Spiel steht, ist es uns egal, ob wir uns zum Affen machen. In solchen Momenten ist es uns völlig gleichgültig, was andere über uns denken.

Wenn wir Gottes Plan für unser Leben kennen und verstehen, ist das tatsächlich eine Sache, bei der es um Leben und Tod geht. Denn nur Gott kann uns den besten Weg und die beste Art zu leben zeigen. Nur er kennt die Antworten auf alle unsere Fragen. Wir sollten also bereit sein, uns möglicherweise auch mal zum Affen zu machen, damit wir seinen Willen und ihn selbst besser kennenlernen.

Gott verspricht uns, dass er uns antworten wird, wenn wir zu ihm rufen; wenn wir alles daransetzen, ihn zu suchen, wird er sich von uns finden lassen. Also, auf was warten wir noch? Lasst uns auf die Suche nach Gott gehen, lasst uns Risiken eingehen und Gott um Antworten auf unsere schwierigen Fragen bitten. Denn dann werden wir ihn finden und dann werden wir eine echte und lebendige Beziehung zu ihm bekommen.

Sprich mit ihm

Wenn du keine Angst hast, Fragen zu stellen, und du dich traust zu sagen: „Ich will wissen, was echt ist. Ich will wissen, was für mein Leben wichtig ist!" ... Wenn dir das wichtiger ist als das neueste Handy, das coolste Snowboard oder das angesagte Computerspiel, und wenn du bereit bist, lange und konsequent nach Antworten zu suchen ... wirst du ihn finden.

nach Sprüche 2,3–5

Glaubst du wirklich, du könntest Gott noch mit etwas schocken? Denkst du, es gäbe etwas, das du sagen oder tun könntest, das Gott erschüttern oder schockieren könnte?

Ganz bestimmt nicht! Es gibt nichts, was Gott nicht schon gehört oder gesehen hat! Lies nur einmal das Alte Testament, und mach dir ein Bild davon, von was für krassen Ereignissen Gott bereits Zeuge sein musste. Wir müssen begreifen, dass es absolut nichts gibt, was wir sagen, fragen oder erbeten könnten, das ihn überraschen könnte. Gott ist unerschütterlich.

Tatsache ist: Gott wartet darauf, dass wir mit ihm reden. Er wünscht sich so sehr, dass wir zu ihm kommen und ihm alles sagen. Er möchte, dass wir ihm die Fragen stellen, die uns auf dem Herzen liegen. Und er wünscht sich, dass wir mehr nach seinen Antworten und seiner Wahrheit verlangen, als wir uns irgendetwas sonst ersehnen.

Denk also mal darüber nach: Was willst du mehr als alles andere auf der Welt? Sei ehrlich! Würdest du nicht gerne eine Million gewinnen? Oder ein cooles Auto? Wie wär's mit einer Kreditkarte ohne Limit? Klar, das hört sich alles toll an. Was aber, wenn wir Gott mehr wollten als alle diese Dinge? Was, wenn es uns viel wichtiger wäre, Gott zu kennen und zu verstehen?

Und wie würde es aussehen, wenn du die Energie und Zeit, die du sonst in andere Dinge steckst, nehmen und dich auf die Suche nach Gott machen würdest? Denk darüber nach: Was wäre, wenn du Gott mehr als alles andere wolltest?

Wenn das der Fall ist – wenn Gott dir mehr wert ist als irgendetwas sonst –, wird sich alles andere in deinem Leben regeln. Wenn du an diesem Punkt angekommen bist, fängt das Leben an, sinnvoll zu werden. Erst dann kannst du Gott wirklich finden –

und du wirst feststellen, dass er viel mehr wert ist als alles, was die Welt dir zu bieten hat!

> *Die Worte des Gerechten tun dir wohl, doch der Mund des Frevlers verbreitet Verkehrtheit.*
> Sprüche 10,32

Erlebe ihn!

Denn dann wirst du bereit sein, zu sehen, wie Gott wirklich ist, und ihn besser kennenlernen und ihn erleben. An diesem Punkt wirst du endlich beginnen zu verstehen, worum es im Leben wirklich geht.

nach Sprüche 2,5

Hast du Gott jemals tatsächlich mit deinen eigenen Augen gesehen? Ist das überhaupt möglich?

Aber ist er nicht zu groß, zu eindrucksvoll, ganz und gar unfassbar, als dass wir ihn mit unseren irdischen Augen sehen könnten? Immerhin ist er Gott! Würde es uns nicht einfach umhauen, wenn wir ihn tatsächlich sehen könnten? Wie könnten wir dann überhaupt noch etwas anderes wahrnehmen?

Dennoch können wir Gottes Gegenwart auf tausenderlei Arten erleben. Zum Beispiel sehen wir jeden Tag Gottes Kreativität – betrachte nur einmal die Bäume, Blumen, Tiere, neugeborene Babys ... Oder beobachte einmal eine Gruppe von übermütigen Affen im Zoo oder deine Freunde bei Mac Donald's, dann kannst du Gottes Humor erleben. Und beim Anblick eines majestätischen Berggipfels, eines farbenfrohen Sonnenuntergangs oder der tosenden Wellen des Meeres können wir Gottes unglaubliche Herrlichkeit erkennen.

Gott offenbart sich uns also in so vielen verschiedenen Dingen – wir müssen nur aufmerksam genug sein und unsere Augen müssen es auch sehen wollen. Vor allem aber können wir Gottes unglaubliche Liebe und Gnade erleben, wenn wir auf das Kreuz sehen. Denn wenn wir uns vorstellen, wie Gottes eigener Sohn dort sein Leben für uns hingegeben hat, beginnen wir zu begreifen, wie sehr wir geliebt sind und wie viel uns vergeben wurde. Dann fangen wir an, Gott auf eine sehr reale und persönliche Art zu erleben.

Es ist also tatsächlich möglich, Gott zu sehen. Und wenn wir ihn sehen, beginnen wir, ihn kennenzulernen. Und wenn wir ihn kennen, fangen wir an, eine Beziehung zu ihm zu erleben, die echt und persönlich ist. Wir fangen an, zu begreifen, was es mit seiner unglaublichen Liebe und unvorstellbaren Gnade überhaupt auf sich hat. An diesem Punkt haben wir ihn gefunden. Das ist aber erst der Anfang!

DER HERR IST MEINE SICHERHEIT!

2 SEI KEIN DUMMKOPF

Ein Narr hält alles, was er tut, für recht,
doch ein Weiser hört auf Rat.

Sprüche 12,15

Nimm guten Rat an

*Wenn du klug sein willst, sei für einen
guten Rat dankbar und nimm ihn an. Ein
Dummkopf wird jedoch weiterplappern und
so tun, als wüsste er alles besser – allerdings
wird er auf die Nase fallen.*

nach Sprüche 10,8

Wir alle tun manchmal ziemlich dumme Dinge,
aber keiner will grundsätzlich als Dummkopf
oder Esel gelten. Wann aber gilt man als Esel?
Bestimmt wird keiner morgens mit dem Gedanken aufwachen: „Ab heute will ich ein Esel sein."

Wie so vieles im Leben ist es wahrscheinlich
ein schleichender Prozess, der dazu führt, dass
man einer wird. Tatsache jedoch ist, dass es immer schneller bergab geht, wenn man ständig
alle guten Ratschläge in den Wind schlägt. Fakt
ist: ein Dummkopf denkt immer, er wüsste alles besser. Anders ausgedrückt: Ein Dummkopf
lässt sich nichts sagen.

Wenn du jedoch weise bist, dann weißt du,
wann du den Mund zu halten hast, und du wirst

auch wissen, wie man anderen richtig zuhört, besonders dann, wenn sie mehr wissen als du.

Nehmen wir einmal an, du nimmst an einem Tauchkurs im sicheren Schwimmbadbecken teil. In diesem Kurs gibt es einen Typen, der denkt, er wüsste bereits alles. Er hört dem Tauchlehrer nicht zu und macht ständig seine Witze. Alle finden ihn total lustig. Dann aber kommt der große Tag, an dem die Kursgruppe bereit ist, das Gelernte im offenen Meer anzuwenden. Wer wird dann wohl den lustigen Typen als Tauchpartner haben wollen? Im Schwimmbad war er ja ganz witzig, aber würdest du ihm, wenn es darauf ankommt, dein Leben anvertrauen?

Wenn du also das nächste Mal so tust, als wüsstest du, worum es geht, denk dran, wo du mit einer solchen Haltung landen kannst. Sei lieber nicht zu stolz, einen klugen Rat anzunehmen. Wenn man zum Beispiel mit dem Auto falsch abgebogen ist, hält man ja auch an und fragt nach dem Weg, oder? Sonst kann es passieren, dass man sich echt verfährt!

Halte die Augen offen!

Wenn du klug bist, wirst du deine Augen offen halten und darauf achten, wo du hingehst, damit du auf das vorbereitet bist, was dich erwartet. Der Dummkopf aber denkt, dass alles cool ist, und redet sich und anderen ein: „Wird schon nichts schiefgehen!" Schnell aber wird ihm der Boden unter den Füßen weggleiten.

nach Sprüche 14,8

Stell dir vor, du sitzt am Steuer eines Autos, das mit 180 Sachen über die Autobahn brettert – und hast die Augen geschlossen. – Wie sicher würdest du dich fühlen? Ziemlich blöde Frage, oder? Aber genauso steuern wir manchmal durch unser Leben. Vielleicht laufen wir nicht wirklich mit geschlossenen Augen herum, aber unsere geistlichen Augen halten wir fest geschlossen. Viel zu oft taumeln wir wie beim Blinde-Kuh-Spiel durchs Leben und haben keine Ahnung, wo wir hingehen.

Gott möchte, dass wir unsere geistlichen Augen weit offen halten. Er möchte, dass wir mit unseren Herzen Dinge sehen und wahrnehmen, ohne dabei wie Dummköpfe im Dunkeln herumzustolpern. Er weiß, wenn wir unser geistliches Sehvermögen schärfen, werden wir vor Dingen geschützt sein, die unsere leiblichen Augen nicht wahrnehmen können. Jemand lädt dich zum Beispiel auf eine Party ein. Du findest, das hört sich gut an, und einige deiner Freunde werden auch dort sein, dennoch hörst du in dir drin eine Stimme, die dir sagt, es wäre besser, nicht hinzugehen. Du hast das Gefühl, Gott will dir hier etwas sagen. Hoffentlich hörst du auf diese leise Stimme und gehst nicht hin. So etwas nennt man nämlich geistliche Einsicht.

Ein Dummkopf will seine geistlichen Augen nicht benutzen. Er macht blindlings Fehler und oft verletzt er dabei sich und viele andere. Was noch schlimmer ist: Ein Dummkopf tut so, als gäbe es gar keine Gefahr – und plötzlich sitzt er da, übersät mit Verletzungen und Kratzern.

Bitte Gott darum, dir deine geistlichen Augen zu öffnen und einen geschärften Weitblick zu geben. So erkennst du nicht nur, welchen Weg du gehen sollst, sondern vermeidest wahrscheinlich sogar, mit einem herumstolpernden Dummkopf zusammenzustoßen!

Triff die richtige Entscheidung

Ein Dummkopf findet es cool, Regeln zu brechen; er hat einen Riesenspaß daran, ungehorsam zu sein. Wenn du aber klug bist, wirst du wirklich zufrieden und glücklich sein, weil du die richtigen Entscheidungen triffst.

nach Sprüche 10,23

Wir alle kennen das: Hin und wieder genießen wir es, etwas Wildes, Rebellisches zu tun. Manchmal meinen wir, dass man dafür auch Regeln brechen muss. Dabei sollten wir uns jedoch bewusst machen, dass Gott für uns viel aufregendere Dinge und Abenteuer bereithält – für die wir nicht gegen irgendwelche Regeln verstoßen müssen. Das Einzige, was wir dazu tun müssen, ist, uns richtig zu entscheiden – nämlich für Gott!

Für einen Dummkopf kommt so etwas jedoch nicht infrage. Ein Dummkopf geht seinen gewählten Weg weiter – hier ein paar Regeln brechen, dort betrügen und Lügen erzählen; er lebt für den Moment und lacht über das Chaos, das er hinterlässt. Ein Dummkopf denkt nicht daran, dass sein sorgloses Leben ihn niemals erfüllen wird. Auch erkennt er nicht, dass er sich in einer Sackgasse befindet.

Wenn wir jedoch die Weisheit (also Gott) wählen, werden wir echte Zufriedenheit erfahren. Wenn wir richtige Entscheidungen treffen, werden wir feststellen, dass deren Resultate auf Dauer gesehen viel besser sind. Uns wird bewusst, dass das Leben an sich voller aufregender Dinge und schöner Herausforderungen ist – ohne dass wir dabei Strafen riskieren müssen! Wir entdecken, dass echte Glücksgefühle entstehen, wenn wir das tun, was Gott möchte. Und es ist auch ungemein befreiend – ganz zu schweigen von den Nächten, in denen wir endlich wieder gut schlafen können. Ein Dummkopf verpasst wirklich eine ganze Menge!

Bleib Cool!

Ein Dummkopf kann schnell explodieren; sein Zorn kommt schnell und heftig. Aber wenn du weise bist, bleibst du cool und entspannt (falls nötig, zählst du bis 10!).

nach Sprüche 12,16

Einen Dummkopf erkennt man daran, dass er sehr schnell aufbrausend wird. Wenn also jemand regelmäßig vor Zorn explodiert und sein Gift in alle Richtungen versprüht, kannst du ihn ziemlich schnell als einen Dummkopf entlarven. Im Idealfall bist es nicht du selbst, den du als solchen erkennst.

Natürlich ist es manchmal schwierig, sein Temperament unter Kontrolle zu halten. Hin und wieder will man nur ein bisschen „Dampf ablassen". Besonders dann, wenn bestimmte Menschen (zum Beispiel nörgelnde Eltern oder besserwisserische kleine Schwestern) dich furchtbar nerven. Du willst ja cool bleiben, aber es scheint schlicht und einfach nicht möglich zu sein. Was nun?

Auch hier ist es gut, nach Gott zu fragen. Denk dran: Er ist es, der dir Weisheit geben kann und will. Anders ausgedrückt: Er hilft dir dabei, dich nicht wie ein Dummkopf zu verhalten. Wenn wir ihn darum bitten – und es auch wirklich meinen – verspricht er, uns Selbstdisziplin zu geben. Was wir allerdings mit dieser Selbstdisziplin anfangen, liegt an uns. Wenn wir jedoch wirklich weise sein wollen, müssen wir sie praktisch nutzen. Und hoffentlich finden wir auch Möglichkeiten, wie wir damit unser Temperament zügeln können, vielleicht indem wir langsam bis zehn – oder, wenn nötig, sogar bis hundert – zählen. Unter Umständen kann es auch mal besser sein, tief Luft zu holen und einfach von der brenzligen Situation wegzugehen, um sich später, wenn man sich wieder beruhigt hat, damit auseinanderzusetzen.

Das Allerbeste daran ist: Du wirst dich hinterher absolut großartig fühlen, wenn du es geschafft hast, dieser „Temperamentsfalle" auszuweichen.

AUFBRAUSENDE
MENSCHEN TUN
DUMME DINGE!

3 GIB DICH NICHT MIT DUMMKÖPFEN AB

Wenn du einem Toren gegenübertrittst, hörst du kein vernünftiges Wort.

Sprüche 14,7

ES IST DUMM, SICH AUF SICH SELBST ZU VERLASSEN. DIEJENIGEN, DIE IN WEISHEIT LEBEN, SIND IN SICHERHEIT.

Dummköpfe geben keine Fehler zu

Selbst wenn ein Dummkopf mal einen Fehler macht, würde er es niemals zugeben. Reue ist ihm fremd. Sei du aber nicht so! Gib deine Fehler zu und bitte Gott um Vergebung.

nach Sprüche 14,9

Okay, wir alle machen Fehler. Das ist menschlich. Aber der Unterschied zwischen einem Dummkopf und einem klugen Menschen ist der, dass der Dummkopf nicht zu seinen Fehlern steht. Er tut immer so, als hätte er gar nichts falsch gemacht. Das zeigt, dass ein Narr niemals die Verantwortung für seine Fehler übernimmt – immer hat ein anderer Schuld.

Auch wenn es schwerfällt, Schuld zuzugeben (besonders dann, wenn man öfters Fehler macht), ist Leugnen viel schlimmer – oftmals auch demütigender. Denn eins steht fest: Je mehr wir versuchen, unsere Fehler zu vertuschen, desto größer und hässlicher werden sie. Das ist so, als hättest du einen riesigen Pickel mitten auf der Nase und würdest versuchen, ihn mit Abdeckstift dick zuzukleistern, wodurch er noch mehr auffällt. Was die Sache schließlich noch schlimmer macht: Er wächst und wächst und wächst, um bald darauf wie ein Vulkan auszubrechen!

Und auch wenn es uns gelingen sollte, unsere Schuld eine Zeit lang anderen gegenüber zu vertuschen – Gott kann sie trotzdem sehen. Über kurz oder lang kommt sowieso alles ans Licht. Steh deshalb gleich zu deinen Fehlern.

Als Erstes musst du dir deine Schuld selbst eingestehen. Anschließend solltest du sie vor Gott zugeben und ihn um Verzeihung bitten. Vielleicht musst du deine Schuld aber auch vor anderen bekennen (besonders dann, wenn du mit deinem Fauxpas andere verletzt hast). Wenn hinterher alles geklärt ist, vergiss nicht, dir selbst zu vergeben. Wenn Gott dir schon vergeben kann, warum solltest du es dann nicht auch können?

EINEN DUMMKOPF EINE NACHRICHT ÜBERBRINGEN ZU LASSEN IST SO DUMM, ALS WÜRDE MAN SEINEN FUSS ABTRENNEN ODER GIFT TRINKEN.

Dummköpfe lieben Klatsch und Tratsch

Ein Dummkopf liebt es, Geheimnisse anderer auszuplaudern – notfalls verdreht er dabei auch ein bisschen die Tatsachen. Einer „Tratschtante" kann man nie trauen. Gib dich nicht mit Menschen ab, die ständig über andere reden.

nach Sprüche 20,19

Die meisten würden es niemals zugeben, aber jeder liebt hin und wieder ein bisschen Klatsch und Tratsch, oder? Es ist wie mit einem verdorbenen Stück Fleisch, das eigentlich ganz gut geschmeckt hat, dir hinterher aber fürchterliche Magenschmerzen bereitet. Es ist einfach so: Ein Schwätzer liebt das Getratsche – je sensationeller die Geschichte, desto besser. Manchmal verdreht er dazu ein bisschen die Tatsachen, um die Geschichte noch interessanter und unterhaltsamer zu machen. Er denkt sich nichts dabei, wenn er sogar den Ruf eines anderen für seine Sensationsgier opfert, weil das besser ankommt (oder weil er selbst dadurch besser dasteht).

Gott möchte, dass wir solche Schwätzer meiden. Er möchte uns auch bewusst machen, dass beides großen Schaden anrichtet: selbst Klatsch weiterzuerzählen oder aber ihn sich anzuhören.

Wenn du also das nächste Mal wieder von Tratschtanten umgeben bist, gibt es verschiedene Möglichkeiten, was du tun kannst: 1.) Du versuchst, das Thema zu wechseln. 2.) Du verteidigst die Person, über die gerade gelästert wird. 3.) Du gehst einfach weg. Vergiss aber nicht, dir einen Moment Zeit zu nehmen, um Gott im Gebet um Hilfe zu bitten. Denn wer weiß, was geschieht? Möglicherweise ist der lästernde Dummkopf doch nicht so dumm und ist sogar dankbar, dass er jemandem nicht egal ist und dieser ihn zurechtweist. Es kann aber auch sein, dass er total ausflippt. In dem Fall mach dir nichts draus; bei einem Dummkopf ist das völlig normal. Bete trotzdem für ihn. Gott kann immer noch den Narren vor sich selbst schützen.

Wo kein Holz mehr ist, geht das Feuer aus; ist der Verleumder fort, legt sich der Streit.
nach Sprüche 26,20

Lauf keinem Dummkopf nach

Lauf keinem Dummkopf nach – nirgendwo hin. Meide sein Revier – es gibt bessere Orte, an denen du dich aufhalten kannst. Denn ein Dummkopf wird nicht eher ruhen, bis er mal wieder für Ärger gesorgt oder jemanden ernsthaft zu Fall gebracht hat.

nach Sprüche 4,14–16

Dummköpfe wollen meistens die Chefs sein – aus welchem Grund auch immer. Darum scharen sie auch immer gerne Menschen um sich, die ihnen blindlings folgen. Wahrscheinlich gibt ihnen das das Gefühl, sie würden in die richtige Richtung laufen, während sie sich eigentlich auf der Einbahnstraße der Einsamkeit befinden. Das ist jedoch nur ein weiterer Beweis für ihre Dummheit – sie betrügen sich selbst. Lass dich deshalb bloß nicht auf sie ein.

Wie also kannst du ihnen aus dem Weg gehen? Wie hältst du sie davon ab, dich nach unten zu ziehen – z. B. dich zu einer Party mit viel Alkohol mitzuschleppen oder dorthin, wo du weißt, dass es kein Platz ist, an dem du du dich aufhalten solltest? – Zuerst einmal ist es wichtig, grundsätzlich nicht zu enge Freundschaften mit Dummköpfen einzugehen. Zweitens: Halte dich nicht an denselben Orten auf wie sie, denn dort, wo sich Dummköpfe treffen, ist Stress vorprogrammiert.

Jetzt kommt der schwierige Teil: Wir wissen, dass Gott von uns erwartet, alle Menschen zu lieben – auch die Dummköpfe. Das heißt, wir sollten ihnen Gottes Liebe zeigen. Gott möchte aber nicht, dass wir uns zu sehr auf sie einlassen. Darum ist es auch hier wieder angesagt, unsere geistlichen Augen weit offen zu halten. Vor allem aber ist es notwendig, Gott um Weisheit zu bitten, damit wir erkennen, wo unsere Hilfe gebraucht wird und wo wir uns nicht in gefährliche Situationen hineinziehen lassen sollten.

Jetzt die gute Nachricht: Je besser wir lernen, mit diesen Situationen umzugehen, desto einfacher wird es mit jedem Mal. Anstatt dich von einem Dummkopf führen zu lassen, wirst du selbst letzten Endes dem Narren sagen, wo's langgeht. Es sei denn, es handelt sich bei ihm um einen absolut halsstarrigen Dummkopf. Dann kannst du nur noch beten, denn wir wissen, dass für Gott nichts unmöglich ist. Nur Gott ist in der Lage, einem Dummkopf zu helfen.

Dummköpfe lieben Diskussionen

Wenn Dummköpfe diskutieren wollen (und das ist ziemlich oft der Fall), dann lass dich nicht darauf ein, denn sonst könntest du dich auf ihr Niveau herablassen.

nach Sprüche 26,4

Ist dir schon einmal aufgefallen, wie gerne Dummköpfe diskutieren? Wenn du erst einmal in ihr Kreuzfeuer geraten bist, wirst du feststellen, wie sehr sie sich in hitzigen Wortgefechten ergehen können – und wie schnell du mit hineingezogen wirst. Sei deshalb achtsam, denn ehe du dich versiehst, kriegst du einen Schlag verpasst.

Warum ist das so? Das ist wieder einmal ein typischer Charakterzug eines Dummkopfes: Er macht sich selbst etwas vor. Er glaubt, die Weisheit für sich gepachtet zu haben. Wenn er lange genug, laut genug und beständig genug diskutiert hat, hat er sich schließlich selbst überzeugt. Wenn er noch Glück hat, gelingt es ihm, weitere Menschen auf seine Seite zu ziehen.

Vergiss aber nicht: Nur weil ein Narr eine Argumentation „gewonnen" hat, heißt das nicht automatisch, dass er recht hat – obgleich Dummköpfe glauben, eine gewonnene Diskussion sei die Bestätigung ihrer Meinung (das ist auch der Grund, weshalb sie eine Diskussion anzetteln). Meist ist es ratsam, sich nicht in solche Debatten hineinziehen zu lassen. Selbst wenn du es schaffst, einige vernünftige Argumente vorzubringen, werden diese nur durch den Schmutz der ganzen Debatte gezogen. Außerdem hat ein Narr die Fähigkeit, Wahrheiten so zu verdrehen und zu manipulieren, dass sie am Ende wie Lügen erscheinen. Darum ist es meist ratsam, sich zurückzuziehen und den Betroffenen deutlich zu machen, dass solche Auseinandersetzungen zu nichts führen. Lass dich einfach nicht darauf ein!

Solltest du aber der Überzeugung sein, es sei Gottes Wille, dass du diese Debatte führst, sei vorsichtig und bete dabei. Wer weiß, vielleicht ist dein Gesprächspartner doch kein Dummkopf. Vielleicht möchte Gott ja auch deinen positiven Einfluss benutzen, um bei dem anderen etwas zu bewirken. Wenn das nicht der Fall ist, kannst du trotzdem beten, dass deine Worte zu einem späteren Zeitpunkt wie Samenkörner aufgehen. Auch ein Narr kann noch gerettet werden, wenn die Zeit dafür gekommen ist.

VERGEUDE NICHT DEINEN ATEM, DENN NARREN MISSACHTEN SOGAR DIE BESTGEMEINTEN RATSCHLÄGE.

4 ACHTE AUF DEINE WORTE

Eine milde Antwort stillt den Zorn,
doch ein kränkendes Wort heizt ihn an.

Sprüche 15,1

WEISE WORTE SIND
MEHR WERT ALS GOLD
UND RUBINEN.

Ein gutes Wort

Wenn Gott dich führt, kannst du gute Ratschläge weitergeben, und deine Worte werden ermutigend und hilfreich sein.

nach Sprüche 10,31–32

Worte können sehr kraftvoll sein. Sie können heilen oder verletzen, aufbauen oder niederschmettern. Dennoch benutzen wir sie oft völlig gedankenlos. Wir werfen mit Worten um uns und sind uns nicht bewusst, welche Auswirkungen sie unmittelbar oder auf lange Sicht haben. Vielleicht sagst du: „Ach, das sind doch nur Worte", oder: „Was kümmert mich mein Geschwätz von gestern?" Wenn du dir aber bewusst machen würdest, was Worte bewirken können, würdest du mit deinen Aussagen sorgfältiger umgehen.

Was ist z. B. wertvoller als ein kluger Rat? Sagen wir einmal, du überlegst, auf welche Universität du gehen sollst, und ein vertrauenswürdiger Freund würde dir eine Uni mit einem wirklich guten Ruf empfehlen. Wie viel wäre dir ein solcher Rat wert? Allerdings sind gute Ratschläge oftmals unbezahlbar. Manchmal braucht man einfach einen guten Freund, der einem den Kopf wieder zurechtrückt und einen davor bewahrt, eine Dummheit zu begehen. Und dazu braucht es nicht mehr als Worte. Du siehst also: Worte haben eine enorme Kraft!

Diese Kraft kannst auch du nutzen. Mit deinen Worten kannst du anderen helfen und sie ermutigen. Du hast täglich mit so vielen verschiedenen Menschen zu tun und in jeder Situation können deine Worte Einfluss auf das Leben von anderen nehmen – guten oder schlechten. Jedoch um wirklich positiven Einfluss auf jemanden zu nehmen, muss manches zuvor bedacht und abgewogen werden; vor allem aber ist Selbstbeherrschung wichtig, damit du nicht sarkastisch und oberflächlich daherredest. Besonders aber ist es nötig, dein Herz auf Gott auszurichten. Denn nur er kann dir die richtigen Worte in den Mund legen. Diese Worte sind es, die Gutes bewirken.

Die Wahrheit reden

Wenn du ein ehrliches Leben führst,
wirst du keinen Schaden nehmen.
Aber diejenigen, die betrügen und lügen,
werden sich in den Ruin stürzen.

nach Sprüche 28,18

Wir alle kennen den Ausspruch: „Ehrlich währt am längsten." Aber sind wir davon auch wirklich überzeugt? Leben wir täglich danach? Oder haben wir ab und zu das Bedürfnis, die Wahrheit ein bisschen zu verdrehen, sie ein wenig zu verändern, damit man ein bisschen besser dasteht? Oder plustern wir die eigenen Fähigkeiten auf, um jemanden zu beeindrucken? Vielleicht ist man auch nicht ganz so ehrlich mit der Wahrheit, um sich vor unangenehmen Konsequenzen zu schützen.

Nehmen wir einmal an, du seist gestern Abend eine halbe Stunde später als vereinbart nach Hause gekommen; deine Eltern haben tief und fest geschlafen und nicht gemerkt, dass du zu spät warst. Morgens fragen sie dich, ob du rechtzeitig nach Hause gekommen bist, und du antwortest: „Ja, klar war ich pünktlich da." Es war doch nur eine kleine Notlüge, frei nach dem Motto: „Was Mama nicht weiß, macht sie nicht heiß." Aber mal ehrlich: Wären deine Eltern nicht enttäuscht von dir, wenn sie wüssten, dass du sie angelogen hast?

Es gibt definitiv gute Gründe, warum es gut, praktisch und klug ist, nicht zu lügen (z. B. dass es ganz schön peinlich ist, wenn eine Lüge aufgedeckt wird). Fakt ist jedenfalls, wenn wir unehrlich sind, verletzt das nicht nur andere (wenn sie die Wahrheit herausfinden), es schafft auch eine Mauer zwischen uns und Gott. Wenn wir die Sünde nicht zugeben und immer weiter lügen, wird die Mauer immer größer. Über kurz oder lang leidet unsere Beziehung zu Gott ernsthaft. Und das tut weh. Also: Mach dein Leben nicht kompliziert und bleibe lieber bei der Wahrheit.

Wäge deine Worte ab

Rede nicht so viel, damit du keinen Blödsinn plapperst, der falsch ist und nur andere verletzt. Werde klug, und achte darauf, wenn du genug geredet hast.

nach Sprüche 10,19

Kennst du das auch? – Je mehr du mit anderen redest und herumalberst, desto oberflächlicher und sarkastischer wird die Unterhaltung. Es ist ein weit verbreitetes Phänomen, das Freundschaften ziemlich belasten kann. Du hängst zum Beispiel mit deinen Freunden herum, alle sind gut drauf und albern herum. Wenn du zu leichtsinnig bist, kann dir schnell etwas herausrutschen, das dir hinterher leidtut. Worte, die schnell ausgesprochen wurden, kann man leider nicht mehr zurücknehmen.

Wenn wir uns die Kraft von gesprochenen Worten bewusst machen, wird uns klar, dass wir nicht alles, was uns in den Sinn kommt, sofort auch aussprechen müssen. Man kann Worte abwägen, bevor man sie ausplaudert, und man kann

Worte, die zu Missverständnissen führen oder andere verletzen, vermeiden.

Natürlich braucht es Zeit und Übung, um diese Fähigkeit zu schulen – manche Menschen erlernen sie jedoch nie. Wenn du wirklich lernen möchtest, nicht immer ins Fettnäpfchen zu treten, bitte Gott um Selbstdisziplin und um seine Hilfe, damit es dir gelingt, deine Zunge im Zaum zu halten. Früher oder später wirst du feststellen, dass es einem nicht wehtut, einfach mal den Mund zu halten. Abgesehen davon ist es erstaunlich, wie das Gehirn plötzlich anfängt zu arbeiten, wenn der Mund ein bisschen länger geschlossen bleibt!

Es gibt außerdem noch einen kleinen positiven Nebeneffekt: Du wirst ein besserer Zuhörer und damit auch ein besserer Freund oder eine bessere Freundin. Ist das nicht cool?!

Wer den Mund hält,
hält sich Probleme vom Hals.
Sprüche 21,23

WER DEN MUND HÄLT,
HÄLT SICH PROBLEME VOM HALS
SPRÜCHE 21,23

Bleib sauber!

Du sollst weder schwören noch fluchen.
Vermeide heikle Situationen, in denen dir
derbe Worte herausrutschen könnten.

nach Sprüche 4,24

Manche fragen sich: *Wozu das ganze Theater?*
Was ist denn schon falsch daran, ab und zu das
Wort mit „Sch" am Anfang zu gebrauchen? Man
muss nur einfach mal ins Kino oder zu einer
Sportveranstaltung gehen oder sich im Schulflur
aufhalten – da hört man oft Worte, die unserer
Oma die Haare zu Berge stehen lassen würden.
Das ist heute nun einmal so, oder? Wer regt sich
denn über so etwas noch auf? Schließlich sind es
nur Worte!

Aber halt! Wenn du ernsthaft über die Bedeutung dieser Worte nachdenkst – ich meine, über
die *wahre* Bedeutung –, dann sieht es schon
anders aus. Und wenn du dich ernsthaft fragst:
„Ehre ich Gott durch das, was ich sage?", dann
wünschst du dir schon, deine Ausdrucksweise
zu ändern. Warum solltest du zum Beispiel den

Namen Gottes oder Jesu benutzen, um dich ab-
zureagieren oder deinem Ärger Luft zu machen?
Das ergibt doch keinen Sinn, oder? Klar sprichst
du seinen Namen aus, wenn du betest, aber sagst
du einfach nur „O Gott", um deinen Frust heraus-
zulassen? Wenn das so ist, dann solltest du deine
Beziehung zu Gott ernsthaft überprüfen.

Die gute Nachricht ist, dass Gott dir zeigen
kann, was für dich dran ist – natürlich nur, wenn
du ihn darum bittest. Denn Gott sorgt sich um
dich und möchte deinen Sprachgebrauch verändern, damit er dadurch geehrt wird. Jedoch solltest du bereit sein, auf diese kleine Stimme des
Gewissens zu hören und diese weisen Worte in
die Tat umzusetzen. Über kurz oder lang wirst du
feststellen, dass deine Zunge wie ein Ruder sein
kann, das ein großes Schiff lenkt: Sobald du dieses Ruder unter Kontrolle hast, wird es dich pro-
blemlos durch das wilde Meer steuern.

DER MUND
    DES NARREN
IST SEIN UNTERGANG,
    SEINE LIPPEN
BRINGEN IHN IN
    SCHWIERIGKEITEN.

5 AUF DER JAGD NACH WEISHEIT

Ja, wenn du um Verstand betest und um Einsicht flehst, wenn du sie suchst wie Silber, ihnen nachspürst wie einem wertvollen Schatz, dann wirst du die Ehrfurcht begreifen, die man vor Jahwe haben muss.

Sprüche 2,3–5

LERNE, WEISE ZU SEIN,
UND ENTWICKELE
EIN GUTES URTEILSVERMÖGEN.

Der Beginn der Weisheit

Wenn wir Gott respektieren und ehren, und von ganzem Herzen glauben, dass er alleine Gott ist, werden wir wahre Weisheit erlangen. Wenn wir Gott persönlicher und besser kennenlernen, werden wir noch weiser und unser Urteilsvermögen wird besser.

nach Sprüche 9,10

Echte Weisheit beginnt und endet mit Gott, und er ist auch der Einzige, der sie wirklich schenken kann. Wenn wir also ernsthaft nach Weisheit suchen, sollten wir das bei Gott tun. Wie gut, dass Gott bereit ist, uns seine Weisheit zu offenbaren. Er wartet nur darauf, dass wir zu ihm kommen und ihn darum bitten. Hört sich ziemlich einfach an, oder? Warum tun wir das nicht? Was hält uns davon ab? Haben wir Angst, als Außenseiter oder Streber zu gelten, wenn wir zu klug werden? Oder ist es einfach so, dass wir nicht verstehen, worum es bei der Weisheit überhaupt geht?

Wahrscheinlich liegt der Grund dafür, dass wir die Sache mit der Weisheit nicht durchschauen, darin, dass wir Gott selbst (der die Weisheit ist) nicht bis ins Letzte verstehen können. Wenn wir uns jedoch die Zeit nehmen, Gott besser kennenzulernen – auf einer persönlichen Ebene –, werden wir zwangsläufig klüger. Wenn wir Gott besser kennenlernen, werden unsere Liebe und unser Respekt ihm gegenüber wachsen, und das lässt uns weiser werden. Seine Weisheit färbt sozusagen auf uns ab.

Nehmen wir einmal an, du hast einen neuen Kumpel, der wie Michael Jordan Basketball spielt. Ständig hängt ihr beiden zusammen und werft auf dem Sportplatz Körbe. Über kurz oder lang wird dein Ballgefühl immer besser werden. Vielleicht merkst du es nicht gleich. Aber das ist völlig normal, weil du ständig mit deinem neuen Freund zusammen bist.

Genauso ist es mit Gott. Je mehr Zeit wir mit ihm verbringen, desto klüger werden wir. Diese Weisheit kann uns durch unser Leben begleiten, durch ein Leben, das aufregender und erfüllter ist als alles andere, was du dir vorstellen kannst!

Weisheit, die dich schützt

Wenn du Gott kennst und dein Herz voll von seiner Weisheit ist, wirst du voller Freude sein, denn Gott wird dir helfen, weise Entscheidungen zu treffen – Entscheidungen, die dich schützen. Denn Weisheit ist wie ein großes Schutzschild, das dich deckt.

nach Sprüche 2,10–11

Wir leben in einer gefährlichen Welt und ohne Gott kann sie auch sehr angsteinflößend sein. Wenn wir aber Gott kennen und seine Weisheit in uns haben, gibt es nichts, wovor wir uns fürchten müssten. Leider ist uns das nicht immer bewusst. Oft vergessen wir, dass Gott auf uns aufpasst oder dass er bereit ist, uns mit Weisheit für den Tag auszurüsten. Manchmal bekommen wir es mit der Angst zu tun und meinen, jeder wäre darauf aus, uns übel mitzuspielen.

Wenn wir uns aber die Zeit nehmen, einmal innezuhalten und uns bewusst zu machen, wer Gott ist und was er in unserem Leben tun will, werden wir wieder seine Weisheit bekommen und tiefer Frieden wird uns erfüllen.

Vergleichen wir die Weisheit einmal mit einer supertollen Villa, in die wir einziehen dürfen, ohne Miete zu bezahlen! Sie ist mit allem ausgestattet, was wir uns nur erträumen: mit einer ultramodernen Küche, einem riesigen LCD-Fernseher und einem DVD-Player. Ja, es gibt dort sogar einen Swimmingpool und eine Bowlingbahn! Es gibt einfach alles, was wir uns je erträumen könnten. Die Krönung des Ganzen: Unsere Villa ist mit dem modernsten Sicherheitssystem ausgerüstet, sodass wir uns vollkommen sicher fühlen können. Wer würde hier schon wieder ausziehen wollen?!

Manchmal gehen wir jedoch durch die Haustür raus, an allen Sicherheitstoren vorbei, und werden gleich von Problemen, Nöten und Sorgen erschlagen. So ist es, wenn wir der Weisheit den Rücken zukehren. Es ist so, als würden wir vor Gottes Schutz und Sicherheit davonlaufen. Aber die gute Nachricht lautet: Gott heißt uns immer wieder willkommen, wenn wir zurückkehren. Und je besser wir verstehen, wer Gott ist, desto weniger haben wir den Wunsch, von ihm wegzugehen.

Wenn du im Weg der Weisheit lebst,
wird dein Schritt nicht gehemmt und
du wirst nicht stolpern.
nach Sprüche 4,12

Wert der Weisheit

Was du durch die Weisheit erlangen kannst,
ist viel mehr wert als alles Geld der Wall
Street *und als alles Gold der Schweiz.*
Weisheit ist viel kostbarer als Rubine und
Diamanten, nichts ist je mit der Weisheit zu
vergleichen.

nach Sprüche 3,14–15

Was würdest du dir wünschen, wenn du einen
Wunsch frei hättest? Wenn du clever bist, sagst
du wahrscheinlich: „Ich würde mir drei weitere
Wünsche wünschen." Dann könntest du dir ganz
viel herbeiwünschen, weitere Wünsche natürlich

eingeschlossen. Vor Tausenden von Jahren gab es einen Mann, dem eine ähnliche Frage gestellt wurde. Gott fragte König Salomo, was er sich am meisten wünschte, und Salomo gab zur Antwort, dass er gerne Weisheit hätte, um sein Volk gut zu regieren. Gott freute sich so sehr über diese Antwort, dass er Salomos Bitte gewährte, und es heißt, dass Salomo der weiseste Mensch der ganzen Menschheitsgeschichte war (1. Könige 3).

Interessant ist: Salomo war nicht nur der weiseste Mensch der Welt, er war auch der reichste. Da Salomo seine Weisheit klug einsetzte, vergrößerte sich sein Königtum und sein Reichtum so sehr wie bei keinem vor und nach ihm. So ist das mit der Weisheit: Wenn du sie hast, kommt alles andere wie von selbst. Ob nun Reichtum, Erfolg, Gesundheit oder Glück – alles scheint irgendwie im Zusammenhang mit der Weisheit zu stehen.

Heißt das, dass man automatisch reich wird, wenn man klug ist? Vielleicht ja, vielleicht nein. Was aber noch wichtiger ist: Du begreifst, dass es unterschiedliche Arten von „Reichtum" gibt. Du wirst dankbar, echte Weisheit zu besitzen, die viel wertvoller ist als alles Geld der Welt. Das wirst du gegen nichts anderes eintauschen wollen. Du erkennst, dass echte Weisheit nur daraus resultiert, Gott zu kennen. Daran sollte dein Herz hängen.

WEISHEIT IST VIEL WICHTIGER ALS RUBINE: NICHTS, WAS DU DIR ERSEHNST, IST DAMIT VERGLEICHBAR.

6 DAS GUTE LEBEN

Der Lohn von Demut und Furcht vor Jahwe ist
Reichtum, Ehre und ein erfülltes Leben.

Sprüche 22,4

EIN GUTER RUF IST BESSER
ALS VIELE REICHTÜMER,
DENN WERTSCHÄTZUNG ZU
ERHALTEN IST WERTVOLLER
ALS SILBER ODER GOLD.

Ein guter Ruf

Bedenke immer, was Gott dich gelehrt hat, damit du ein langes und lohnenswertes Leben haben kannst. Sei deinen Mitmenschen gegenüber loyal und freundlich. Tu nicht nur so, als ob, sondern sei es von Herzen. Denn das gefällt Gott (und anderen Menschen). Dadurch wirst du einen guten Ruf erlangen.

nach Sprüche 3,1–4

Machst du dir manchmal Gedanken darüber, was andere Menschen über dich denken? Vielleicht versuchst du, nicht zu viel darüber nachzugrübeln, weil es unbedeutend oder oberflächlich scheint, wie deine Mitmenschen dich wahrnehmen. Aber mal ehrlich: Ist es wichtig, was andere Menschen von dir denken? Die Bibel spricht ziemlich oft davon, einen „guten Namen" zu haben, d. h. ein gutes Vorbild zu sein oder einen guten Ruf zu haben. Nur – wie bekommt man einen guten Ruf?

Am ehesten dadurch, dass man vorbildlich lebt – also so, wie Gott dir sagt, dass es am besten für dich ist. Grundsätzlich heißt das also: Man sollte auf Gott hören und ihm gehorchen. Manchmal scheint es jedoch unmöglich zu sein, Gott zu gehorchen. Aber es lohnt sich, wenn du es trotzdem tust – vor allem auf lange Sicht.

Mit der Zeit werden die Menschen in deinem Umfeld merken, dass sich etwas in deinem Leben geändert hat. Vielleicht sehen sie, dass du deinen Freunden gegenüber loyal und deinen Mitmenschen gegenüber freundlich bist. Und sie erkennen auch, dass du es ernst meinst und kein Heuchler bist. Das ist viel wert!

Wenn dein guter Ruf wächst, beginnen Menschen, dir zu vertrauen. Sie kommen mit Fragen zu dir und möglicherweise bitten sie dich auch um Hilfe. Das ist definitiv ist etwas sehr Positives. Vergiss aber nie: Nur Gott kann dich an diesen Punkt bringen.

Gute Pläne

Konzentriere dich immer wieder auf gute Pläne, das ist der Schlüssel zu einem tollen Leben – einem Leben, das dich ehrt und andere dazu bringt, dich zu achten.

nach Sprüche 3,21–22

Es gibt ein Sprichwort, das lautet: „Niemand plant zu scheitern; man scheitert vielmehr, weil man keinen Plan hat."

Nun, man kann nicht jede Sekunde seines Lebens planen, aber wir können ein bisschen besser planen als bisher. Der beste Weg, einen erfolgreichen Plan zu bekommen, ist, all unsere Vorhaben vor Gott zu bringen und ihn darum zu bitten, sie auszuführen und zu segnen. Wenn wir das schaffen, werden wir erstaunt feststellen, wie der Druck von uns weicht. Denn plötzlich können wir entspannen: Wir dürfen darauf vertrauen, dass Gott uns dorthin bringt, wo wir gebraucht werden.

Wie wäre es, wenn man in einem Segelboot über den Pazifik segeln wollte und hätte zuvor nicht alles durchgeplant? Oder stell dir vor, jemand wollte mit einer Rakete in den Weltraum fliegen und hätte vorher keinerlei Planungen getroffen! Jede größere Reise muss Monate oder Wochen, manchmal sogar Jahre zuvor sorgfältig und strategisch geplant werden, damit sie erfolgreich sein kann.

Warum sollte das mit unserem Leben anders sein? Ich weiß nicht, ob du dir dessen bewusst bist, aber jeden Tag triffst du größere oder kleinere Entscheidungen – Entscheidungen, die Auswirkungen auf dein Leben haben. Entscheidest du weise und hörst du auf Gottes leise Stimme, ist das eine großartige Grundlage für dein Leben. Wenn du jedoch ständig dumme Entscheidungen triffst (auch wenn sie zunächst vielleicht super zu sein scheinen), wird dein Leben in großen Enttäuschungen und in Unzufriedenheit enden. Warum also fragst du nicht Gott nach seinen Plänen für dein Leben?

Gute Gesundheit

Denk nicht von dir selbst, du seist so toll und klug! Verlass dich lieber auf Gottes Kraft, Weisheit und Liebe, und dann tu das, was richtig ist. Daraus folgen gute Gesundheit und Energie, die dich durchtragen.

nach Sprüche 3, 7–8

Wenn man jung ist, scheint Gesundheit selbstverständlich zu sein. Wir meinen, alles tun, jeden noch so hohen Berg bezwingen, jede noch so wilde Welle reiten zu können. Wir haben fast das Gefühl, wir wären unverwundbar. Zumindest so lange, bis wir krank werden, stürzen oder uns einen Arm oder ein Bein brechen. Meist beginnen wir erst dann, etwas scheinbar so Selbstverständliches wie Gesundheit nicht mehr für selbstverständlich zu halten.

Auch wenn du jetzt vollkommen gesund und fit bist, ist es nie zu früh, sich über Gesundheit Gedanken zu machen. Ist dir z. B. bewusst, wie sich deine geistliche Gesundheit auf die körperliche auswirkt? Weißt du auch, dass deine geistliche Gesundheit Folge deiner Beziehung zu Gott ist?

Gott ist unsere wahre Energiequelle; und solange wir in Verbindung mit ihm stehen, sind wir obenauf. Nehmen wir einmal einen CD-Player mit Akku: Du steckst den Stecker in die Steckdose und das Gerät läuft ewig. Ohne Stecker würde es auch noch ein paar Stunden laufen, aber nach und nach geht ihm der Saft aus, und die Musik fängt an, dumpf zu klingen, bis sie schließlich ganz aufhört. Was machst du? Du steckst den Stecker ganz einfach wieder in die Steckdose – und schon läuft das Gerät wieder.

So ist es auch mit uns. Unsere Herzen sind glücklicher und wir haben mehr Energie und Leben, wenn wir an Gott – unserer Energiequelle – „angeschlossen" sind. Das ist der beste Weg, um gesund zu bleiben. Und was das Beste daran ist: Unser Gott kennt keine Energiekrise. Seine Energiequelle ist unerschöpflich.

Ein frohes Herz tut dem Körper wohl.
Sprüche 17,22

GOTTGESINNTE
MENSCHEN GEBEN
IHREN FREUNDEN
GUTE RATSCHLÄGE.

7 GUTE FREUNDE

Den Freund und deines Vaters Freund
gib niemals auf!

Sprüche 27,10

Gute Ratschläge

Selbst deine besten Pläne können sich in nichts auflösen, wenn du versäumst, andere um Rat zu bitten. Aber wenn du diejenigen, die dich lieben, nach ihrer ehrlichen Meinung fragst, wirst du Erfolg haben.

nach Sprüche 15,22

Es ist schon toll, viele Freunde zu haben. Und es ist cool, einfach nur miteinander abzuhängen und Spaß zu haben. Aber gesetzt den Fall, du bräuchtest jemanden zum Reden – wen würdest du anrufen? Wahrscheinlich deinen besten Freund oder deine beste Freundin, oder? Genau das ist es, was einen guten Freund oder eine gute Freundin ausmacht: Er oder sie ist immer für uns da. Und auch wenn du einen guten und ehrlichen Ratschlag brauchst, gehst du wahrscheinlich zu dieser Person, oder?

Darum ist es auch so wichtig, richtig gute Freunde zu haben. Du brauchst jemanden, dem du deine Probleme anvertrauen kannst, dem du nicht egal bist; jemanden, der dir nicht in den

Rücken fallen würde. Du weißt, dass derjenige es ernst mit dir meint, wenn er dir ehrlich seine Meinung sagt.

Manchmal ist es allerdings nicht so einfach, den Unterschied zwischen einem richtig guten und einem nicht so guten Freund zu erkennen. Oder du bist verwirrt, wenn jemand total Cooles kommt und dein neuer Freund sein möchte. Es kann sogar vorkommen, dass du deinen bisherigen besten Freund für ihn abschiebst. Zu welcher Art von Freund macht *dich* das dann?

Diese Fragen sind alle nicht so leicht zu beantworten. Wenn du jedoch Gott fragst, wird er dich leiten – er kann dir die Freunde zeigen, die am besten zu dir passen. Allerdings erwartet er von dir auch Ehrlichkeit und Gehorsam. Und du musst bereit sein, selbst ein guter Freund zu werden. Es stimmt: Das Leben ist einfacher, wenn man einen guten Freund an seiner Seite hat.

Guter Umgang

Selbst wenn du nur einen Eintopf zum Essen hast, schmeckt er besser, wenn du ihn mit einem Freund teilst. Dagegen kann das beste Steak wie ein Hundekuchen schmecken, wenn du es mit jemandem isst, der dich hasst.

nach Sprüche 15,17

Wenn man mit einem Freund Zeit verbringt, braucht man nicht viel, um wirklich Spaß zu haben. Eine Fahrradtour wird zu einem wilden Abenteuer, ein Eisbecher zu einem Genießer-Dessert – und das alles nur, weil man mit einem Freund zusammen ist.

Genau das ist Gottes Absicht. Er weiß, wie sehr wir einander brauchen. Und er weiß auch, dass wir das Leben viel besser genießen können, wenn wir es mit jemandem teilen. Dafür sind gute Freunde da.

Gelegentlich werden wir jedoch aus der Bahn geworfen, wenn wir einen Freund haben, mit dem es jede Menge Action gibt, aber keinerlei Zufriedenheit. Vielleicht hat dieser „Freund" alle möglichen lustigen Ideen und Vorschläge, aber am Ende des Tages stellst du fest, dass doch nicht alles so toll war.

Möglicherweise liegt es daran, dass dieser Freund doch nicht so ein guter Freund ist. Dir wird bewusst, dass er nicht zu dir stehen würde, wenn es hart auf hart kommt. Oder vielleicht wird dir schließlich klar, dass der *coolste* Freund nicht unbedingt immer der *beste* Freund ist. Bitte also Gott darum, dir zu zeigen, wer deine wahren Freunde sind, und sei bereit, ein ebenso zuverlässiger Freund zu sein.

Viele preisen ihre eigene Frömmigkeit, doch wer findet einen wirklich treuen Mann?
Sprüche 20,6

Positiver Einfluss

Wenn du mit Freunden zusammen bist, die besonnen und echt sind, wirst du die Zeit mit ihnen genießen können und Ärger aus dem Weg gehen. Wenn du jedoch mit irgendwelchen Dummköpfen herumhängst, wird dich das nach unten ziehen.

nach Sprüche 13,20

Mal ehrlich – würdest du deine Freunde danach auswählen, ob sie einen guten oder einen schlechten Einfluss auf dich ausüben? Deine Eltern würden das von dir erwarten. Aber ob du es wahrhaben willst oder nicht: Deine Freunde beeinflussen dich tatsächlich. So wie du sie beeinflusst. Das ist einfach so, wenn zwei Menschen viel zusammen sind. Über kurz oder lang werden sie sich ähnlich verhalten, die gleiche Musik hören und sich sogar ähnlich kleiden. Das glaubst du nicht? Dann schau dich mal in deiner Clique um!

Gesetzt den Fall, du stimmst mir zu, dass Freunde einander beeinflussen, gibst du mir dann auch recht, dass deine Freunde Einfluss auf dich haben?

Ist das gut oder nicht?

Kennen deine Freunde Gott? Oder machen sie sich über ihn lustig? Versuchen sie, ihr Leben für Gott zu leben? Oder leben sie täglich egoistisch in den Tag hinein? Ermutigen sie dich, das zu tun, was richtig ist, auch wenn es oft nicht so einfach ist? Oder stiften sie dich an, ab und zu mal über die Stränge zu schlagen? Denk ernsthaft darüber nach: Wollen deine Freunde wirklich das Beste für dich? Oder überreden sie dich, irgendwelche Risiken einzugehen und Dinge zu tun, die falsch sind?

Falls du Glück hast, echte Freunde zu haben – hast du dir ebenfalls Gedanken darüber gemacht, wie *dein* Einfluss *auf sie* aussieht? Hast du Gott darum gebeten, dir zu zeigen, wie du ein zuverlässiger und vertrauenswürdiger Freund für sie sein kannst? Ein Freund, wie Gott sich das gedacht hat?

HALTE DICH
VON NARREN FERN,
DENN DORT WIRST DU
KEINE WEISHEIT FINDEN.

8 FAMILIEN-ANGELEGENHEITEN

Hör auf deinen Vater, der dich gezeugt hat, und verachte deine Mutter nicht, auch wenn sie alt geworden ist. Lass dir die Wahrheit etwas kosten, auch Weisheit, Zucht und Verstand!

Sprüche 23,22–24

HÖRE MICH.
HÖRE DEN RATSCHLAG
DEINES VATERS,
ACHTE DARAUF UND WACHSE.

Gehorche deinen Eltern

Stell die Ohren nicht auf Durchzug, wenn dein Vater dir etwas Wichtiges sagen möchte, sondern hör genau hin. Ignoriere nicht, wenn deine Mutter dir etwas erklären möchte, sondern pass genau auf. Deine Eltern können dir immer noch etwas Wichtiges beibringen. Wenn du beachtest, was sie sagen, wird vieles in deinem Leben leichter laufen.

nach Sprüche 1,8–9

Zugegeben, es ist nicht einfach, den Eltern immer zuzuhören. Und: Nein, sie haben auch nicht immer in allem, was sie sagen, recht. Trotzdem: Vergiss nie, dass Gott sie als diejenigen ausgesucht hat, die dich großziehen sollen. Wenn du sie nicht achtest, ist es so, als würdest du Gott nicht respektieren. Auch wenn du dich gerade nicht danach fühlst und du den Eindruck hast, deine Eltern würden an allem rummeckern, versuch trotzdem, ihnen besser zuzuhören.

Wie du mittlerweile bestimmt weißt, sind Hören und Gehorchen nicht unbedingt dasselbe.

Wir alle kennen das. Worte gehen in das eine Ohr rein und zum anderen gleich wieder raus. Doch je älter – und hoffentlich auch weiser – du wirst, desto dankbarer solltest du sein für das, was deine Eltern im Laufe ihres Lebens an Erfahrung gesammelt haben. Ob du es glaubst oder nicht: Auch sie waren einmal Teenager wie du, und höchstwahrscheinlich mussten sie sich mit ähnlichen Problemen herumschlagen wie du heute.

Du kannst dich also beruhigt deinen Eltern öffnen und ihnen von deinen Schwierigkeiten erzählen. Vermutlich haben sie es längst begriffen, wenn es momentan bei dir mal nicht so „rund läuft". Es kann sein, dass sie einen brauchbaren Rat für dich und deine Situation haben. Außerdem kann Gott durch sie zu dir sprechen; es kann sich also lohnen, ihnen zuzuhören und tatsächlich ihren Rat anzunehmen.

Akzeptiere Zurechtweisung

Wenn du reif, fähig und kompetent genug sein möchtest, um den Herausforderungen des Lebens begegnen zu können, musst du lernen, Zurechtweisung nicht nur zu akzeptieren, sondern sogar zu lieben. Es ist völlig absurd, beleidigt zu sein, wenn man dich tadelt, und absolut dumm, wenn du keine Kritik an dich heranlässt.

nach Sprüche 12,1

Wer möchte schon bei einem Fehler ertappt werden? Ich meine, es ist schon dumm genug, wenn man etwas verkehrt gemacht hat, aber wenn dann noch alle darauf aufmerksam gemacht werden und mit dem Finger auf einen zeigen, ist das einfach nur demütigend. Als Menschen neigen wir dazu, Probleme kleinzureden, so nach dem Motto: „Ist doch gar nicht so schlimm." Oder wir weisen die Schuld ganz und gar von uns und schieben sie einem anderen zu. Wir finden es unangenehm, wenn uns jemand kritisieren möchte. Dadurch fühlen wir uns klein und dumm.

Gott möchte aber nicht, dass wir Zurechtweisung und Korrektur so negativ empfinden. Er möchte, dass wir wachsen und merken, dass Zurechtweisung zu unserem Besten dient – ob wir uns dabei nun wohlfühlen oder nicht. Außerdem wird unser Leben einfacher verlaufen, wenn wir lernen, für Kritik dankbar zu sein.

Nehmen wir einmal an, du überfährst ein Stoppschild – ob nun mit dem Fahrrad, einem Motorroller oder einem Auto – und zufälligerweise steht ein Polizist am Straßenrand. Er schaltet das Blaulicht ein und signalisiert dir anzuhalten. Unmissverständlich macht er dir deutlich, was du verkehrt gemacht hast. Wie würde er nun reagieren, wenn du wütend auf ihn losschimpfen oder die Schuld von dir weisen würdest? Glaubst du etwa, du würdest damit durchkommen?

Dir ist wahrscheinlich klar, dass die beste Reaktion die wäre, deinen Fehler einfach zuzugeben, dich zu entschuldigen, um dir anschließend genau seinen kleinen „Ermahnungsvortrag" anzuhören. Wer weiß, vielleicht kommst du dieses Mal mit einer kleinen Verwarnung davon. (Verlass dich aber nicht darauf, dass du beim zweiten Mal noch einmal so leicht davonkommst.)

Also werde erwachsen, lerne zu akzeptieren und dankbar dafür zu sein, wenn dich jemand (besonders dein Vater oder deine Mutter) zurechtweist. Denn tief in dir drinnen weißt du ja, dass es zu deinem Besten geschieht und deine Eltern dich lieben.

Hat jemand einen Dummkopf zum Sohn, dann hat er auch Kummer; der Vater eines Narren freut sich nicht.
Sprüche 17,21

Glückliche Eltern

Die Eltern von Kindern, die Gott lieben, haben allen Grund, sich zu freuen. Denn es ist wirklich eine Freude, Kinder zu haben, die immer weiser werden! Mach also deine Eltern glücklich, indem du ihnen zeigst, dass sich ihre harte Arbeit bezahlt macht.

nach Sprüche 23,24–25

Du zerbrichst dir wahrscheinlich nicht ständig den Kopf darüber, wie du deine Eltern glücklich machen könntest. Wahrscheinlich bist du eher wie die meisten Teenager und denkst darüber nach, wie ihre Eltern *sie* glücklich machen könnten. Je älter und dankbarer wir jedoch für unsere Eltern werden, desto mehr sollten wir beginnen, uns Gedanken zu machen, wie wir ihr Leben schöner und angenehmer gestalten könnten. Denn Elternsein ist nicht einfach. Im Grunde genommen ist es ein sehr undankbarer Job.

Wenn du jedoch mit Gott lebst und versuchst, ein Leben zu seiner Ehre zu führen, werden deine Eltern von deinen guten Entscheidungen profitieren – ob es ihnen nun bewusst ist oder nicht. Je besser dir das gelingt, desto glücklicher werden sie sein. Wer von uns möchte nicht seine Eltern glücklich sehen? Klar, du lebst nicht nur, um deine Eltern zufriedenzustellen. Aber das ist ein kleiner positiver Nebeneffekt, wenn man gute Entscheidungen trifft.

Gibt es denn nicht genug Leid und Schwierigkeiten in dieser Welt? Manchmal kann ein kleines bisschen Glück den Alltag von Eltern viel heller machen. Ganz zu schweigen vom Familienklima zu Hause. Also mach deine Eltern glücklich, und zeige ihnen, dass du dein Bestes gibst, um die Verbindung zu Gott aufrechtzuerhalten. Du wirst feststellen, wie sehr deine Entscheidungen deine Eltern erfreuen. Sie werden vielleicht nicht vor Freude auf und ab springen, aber du wirst es an ihren Augen ablesen können, wie gut es ihnen tut. Und du kannst dir sicher sein, dass Gott sich auch über dich freut!

WER FEINFÜHLIG IST, MACHT SEINEM VATER FREUDE.

9 VOM UMGANG MIT GELD

Wer auf sein Geld vertraut, kommt zu Fall; doch
wer lebt, wie Gott es gefällt, wird sprossen wie
das frische Grün.

Sprüche 11,28

Harte Arbeit macht sich bezahlt

Faule Menschen wollen alles haben, was sie sehen, und stehen am Ende doch mit nichts da. Wenn du aber dein Bestes gibst und hart arbeitest, wirst du nicht nur in dieser Welt weit kommen, du wirst auch zufrieden mit dir selbst sein.

nach Sprüche 13,4

Keiner von uns möchte als faul gelten, aber wenn wir ganz ehrlich sind, müssen wir zugeben, dass wir unsere Freizeit schon gerne genießen. Grundsätzlich ist dagegen auch nichts einzuwenden, wenn wir ab und zu mal die Seele baumeln lassen; jeder von uns braucht das. Wenn du jedoch zu viel auf der faulen Haut liegst, kann das für dich ungute Folgen haben. Interessanterweise spricht das Buch der Sprüche von keinem anderen Thema mehr als von der Faulheit.

Es sieht so aus, als würde Gott versuchen, uns vor den Gefahren der Trägheit (Faulheit) zu warnen. Ist er vielleicht besorgt, dass sonst zu viel Arbeit liegen bleibt und von niemandem erledigt wird, wenn wir den ganzen Tag vor dem Fernseher herumhängen? Oder ist der Grund für seine Warnungen einfach nur, dass er weiß, wie wichtig es ist, dass wir uns beschäftigen und einbringen, damit wir ein wirklich erfülltes Leben haben?

Gott hat uns mit einem Verstand und mit Händen ausgestattet, die beschäftigt werden müssen. Die Wahrheit, die sich hieraus ableitet, lautet: Wer nichts tut, wird nichts. Stecken wir jedoch unsere Energie in eine Sache (sei es Schule, Arbeit, ein Ehrenamt oder Ähnliches), werden wir feststellen, dass wir uns glücklich und erfüllt fühlen. Am Ende des Tages werden wir viel zufriedener mit uns selbst sein.

Scheue dich also nicht, die Ärmel hochzukrempeln und hart zu arbeiten, unabhängig davon, ob die Aufgaben eintönig, bedeutungslos oder schwer sind. Du kannst dir sicher sein, dass Gott dich sieht. Er wird dich belohnen, wenn du dein Bestes gibst. Und dein Einsatz wird sich eines Tages – entweder in dieser oder in der zukünftigen Welt – richtig bezahlt machen.

Ein fauler Mensch hat viele Wünsche,
erreicht aber nichts, doch der
Fleißige erfüllt sie sich.
Sprüche 13,4

Sei großzügig

Gott sieht es gerne, wenn du großzügig
bist, wenn du mit denen teilst, die weniger
haben. Er wird dich für deine Freundlichkeit
belohnen und segnen.

nach Sprüche 22,9

Man kann ganz schnell nervös werden, wenn man sich darum sorgt, ob man auch genug Geld hat, wenn man es braucht. Vielleicht machst du dir Sorgen, dass dein Geld und deine Ersparnisse plötzlich weg sind.

Und was ist dann?

Wenn du so denkst, dann vertraust du Gott nicht, der dich doch so gerne versorgen will. Mangelndes Vertrauen in Gott beunruhigt nicht nur, es macht dich auch geizig. Denn wie solltest du jemandem finanziell helfen, wenn du ständig Angst hast, dein Geld könnte für dich nicht reichen?

Wenn wir jedoch wirklich glauben, dass Gott derjenige ist, der uns das gibt, was wir brauchen, sollte es uns auch nicht schwerfallen, großzügig zu sein. Wir beginnen zu begreifen, dass alles, was wir haben, ohnehin von Gott kommt, und folglich hängen wir nicht mehr so sehr an unserem irdischen Besitz. Wir verstehen, dass unser Geld in Wirklichkeit *Gottes* Geld ist und dass er mehr als genug davon hat (schließlich gehört ihm die ganze Welt!). So fällt uns das Teilen mit denen, die weniger haben, auch leichter.

Es wird uns nicht nur leichterfallen, wir werden auch feststellen, dass wir echte Freude und Erfüllung erleben können, wenn wir mit anderen teilen. Der folgende Vers ist wirklich wahr: „Geben ist seliger als Nehmen!" (Apostelgeschichte 20,35).

Schneller, als uns bewusst ist, setzen wir dadurch etwas in Gang: Wir vertrauen, dass Gott uns versorgt, und folglich teilen wir das, was wir haben, mit anderen. Da sich Gott über unsere Großzügigkeit freut, wird er uns mit noch mehr segnen! Was könnte besser sein?

> *Nach Reichtum hastet der habgierige Mann; er weiß nicht, dass Mangel über ihn kommt.*
> Sprüche 28,22

Wahrer Reichtum

Es ist viel wichtiger, ein guter Mensch zu sein, als viele Reichtümer zu besitzen. Wenn man einen guten Ruf hat und von Menschen akzeptiert wird, ist das weitaus besser, als Milliarden Euro zu besitzen.

nach Sprüche 22,1

Was hättest du lieber? Eine Milliarde Euro oder einen guten Namen? Nur um das klarzustellen: Ich meine hier nicht Namen wie z. B. Julia Roberts oder Dirk Nowitzki (obwohl das schon coole Namen sind). Mit „guter Name" oder „Ruf" sind Ansehen und Respekt gemeint.

Also, was ist deiner Meinung nach erstrebenswerter – ein guter Name oder Reichtum? Vielleicht denkst du jetzt, wenn du alles Geld der Welt hättest, könntest du losziehen und dir einen guten Namen kaufen.

Super Idee, doch einen guten Namen kann man sich nicht kaufen, egal, wie viel Geld man dafür zu zahlen bereit wäre. Sieh dir nur einmal die reichen Menschen dieser Welt an, die auf unehrliche Art und Weise zu ihrem Reichtum gekommen sind; sie werden ganz und gar nicht respektiert. Einen guten Namen oder Ruf kann man sich nur verdienen. Und zwar nur dann, wenn man so lebt, wie Gott es von uns erwartet.

Wenn du nach Gottes Willen lebst, wirst du allerlei Segnungen erhalten – vielleicht sogar in materieller Hinsicht. Vielleicht aber auch nicht. Was aber noch viel wichtiger ist: Du wirst ein Leben haben, das mit Geld nicht zu bezahlen ist: ein

Leben in unbezahlbarer Freude, Frieden, Liebe und Glück.

Das Coolste überhaupt ist: Wenn dir ein guter Ruf wichtiger ist als alle Schätze dieser Welt und du eines Tages vor Gott stehen wirst, wird Gott deinen Namen kennen! Wenn dir allerdings Reichtum in dieser Welt wichtiger war, kann es sein, dass er dich nicht kennen wird. Wie also entscheidest du dich? Gehe auf Nummer sicher – wähle einen guten Ruf!

EIN JUGENDLICHER, DER HART ARBEITET, IST KLUG; EIN JUGENDLICHER, DER SEIN LEBEN VERSCHLÄFT, ERFÄHRT SCHANDE.

10 HÜTE DEIN HERZ

Mehr als alles hüte dein Herz,
denn aus ihm strömt das Leben.

Sprüche 4,23

GESTOHLENES BROT
SCHMECKT ZUERST SÜSS
IN DEINEM MUND, DANN
ABER IST ES WIE SAND
ZWISCHEN DEINEN ZÄHNEN.

Führe ein reines Leben in Bezug auf Sex

Warum solltest du wahllos Sex mit allen möglichen Personen haben, die gerade mal deinen Weg kreuzen? Warum solltest du diese einmalige Sache nicht für den oder die Richtige(n) aufheben? Warum sollte diese besondere Erfahrung nicht zwischen dir und der Person stattfinden, die du einmal heiraten wirst? Verschleudere dieses besondere Geschenk nicht an flüchtige Bekannte!

nach Sprüche 5,16–17

In unserer Kultur wird es allgemeinhin akzeptiert, Sex vor und außerhalb der Ehe zu haben, aber Gott macht deutlich, dass das völlig inakzeptabel ist. Der Grund ist nicht etwa der, dass er ein alter Spielverderber ist, der nicht möchte, dass Menschen Spaß miteinander haben. Er ist dagegen, weil er weiß, was für uns am besten ist. Ihm ist bewusst, dass es um viel mehr als um eine „körperliche Angelegenheit" geht, wenn Menschen miteinander Sex haben. Ob wir es zugeben oder nicht, es betrifft unser Herz und wir werden dadurch verletzbar. Manche werden so sehr verletzt, dass sie den Rest ihres Lebens mit diesen Wunden und Narben zu kämpfen haben. Gott liebt uns viel zu sehr, als dass er uns nicht davor beschützen wollte.

Die Freude am Sex mit jemandem, den man liebt, ist ein wunderbares Geschenk – etwas, das man schätzen sollte. Gott möchte, dass wir warten und die Erfahrung mit demjenigen machen, den wir heiraten – mit der Person, mit der wir den Rest unseres Lebens verbringen wollen.

Erinnerst du dich noch, wie es an Weihnachten war, als du noch ein Kind warst? Voller Faszination hast du auf die bunt eingepackten Geschenke unter dem Weihnachtsbaum geguckt. Dein Name stand auf diesem einen Geschenk, und du hattest keine Ahnung, was darin war. Als deine Eltern nicht da waren, hast du dir heimlich das Geschenk geschnappt, vorsichtig mit dem Messer den Tesastreifen aufgemacht, das Geschenk ausgepackt und hineingesehen. Ja, es war das, was du dir gewünscht hattest! Plötzlich jedoch hat dich dein schlechtes Gewissen geplagt, und du hattest Angst, von deinen Eltern erwischt zu werden. Schnell hast du das Geschenk vorsichtig wieder eingepackt und unter den Baum gelegt. Aber wie hast du dich gefühlt, als du an Weihnachten dein Geschenk ausgepackt hast und die Überraschung dahin war?

So ähnlich ist es, wenn wir uns entscheiden, Gott nicht zu gehorchen und vor der Ehe Sex zu haben. Wir ruinieren Gottes Geschenk an uns. Aber ein Lichtblick ist, dass er uns vergibt, wenn wir ihn darum bitten. Er kann die emotionalen und geistlichen Wunden heilen, die wir durch unseren Ungehorsam erlitten haben. Aber wäre es nicht besser, solche Probleme gleich zu vermeiden und das zu wählen, was Gott zu unserem Besten möchte?

Denn Gott prüft alle Herzen.
Und er wird jedem nach seinem Tun
vergelten.
Sprüche 24,12 (nach Elb)

Kontrolliere lustvolle Gedanken

Gottes Wort kann dich schützen und davor bewahren, sexuellen Versuchungen nachzugeben. Beschäftige dich aber am besten gar nicht erst mit lustvollen Gedanken, egal, wie verführerisch sie auch sein mögen. Lass dich nicht verführen, denn letzten Endes wirst du verletzt werden.

nach Sprüche 6,24–26

Auch wenn man sich vornimmt, mit vorehelichem Sex zu warten, kann es sehr schwer sein, seine Gedanken unter Kontrolle zu halten. Zum Beispiel sehen wir Bilder und Szenen in Filmen, im Fernsehen, in Musikvideos oder sogar in der Schule, und schon beginnen in unserem Kopf Gedanken zu kreisen, die in die falsche Richtung laufen. Trotzdem verspricht Gott, uns in diesem Punkt zu helfen; dies geschieht, wenn wir in seinem Wort lesen und unsere Gedanken wieder neu auf ihn ausrichten.

Aber es liegt einzig und allein an uns. Gott hat uns die Freiheit gegeben, selbstständig zu denken und Entscheidungen zu treffen; er zwingt uns niemals seinen Willen auf. Selbst, wenn wir das Richtige tun wollen, kann es Zeiten geben, in denen wir ganz schön herausgefordert werden. Aber so ist das Leben nun einmal. Wir müssen uns entscheiden, und das täglich! Je öfter wir uns bewusst für das Gute entscheiden (für Dinge, die Gott ehren), desto leichter wird es uns auch fallen.

Gott ist immer bereit, uns zu helfen. Wir müssen ihn nur um Hilfe bitten. Er möchte uns leiten und führen, damit wir nicht in verfängliche Situationen geraten, die uns zu Fall bringen. Er möchte uns bewusst machen, welche Art von Musik, Kleidung, Filmen usw. für uns am besten ist. Allerdings müssen wir bereit sein, auf ihn zu hören, und es schließlich auch gerne tun.

Letztendlich wird die Belohnung für unseren Gehorsam groß sein! Es beginnt zum Beispiel mit einem reinen Gewissen und wirklich guten Beziehungen zum anderen Geschlecht. Und in Bezug auf deine Zukunft wirst du auf eine dauernde und intime Beziehung mit der Person vorbereitet, die Gott für dich bestimmt hat. Das ist etwas, worauf es sich absolut zu warten lohnt!

MENSCHEN MÖGEN
IN IHREN EIGENEN
AUGEN REIN SEIN,
ABER DER HERR
PRÜFT IHRE MOTIVE.

Über die Ehe

*Sei geduldig und lass deinen Ehepartner
dein Leben erfüllen und dein Herz mit Segen
überschütten. Teile diese große Freude und
Liebe mit deinem Ehepartner. Habe nur
Augen für diese eine Person. Sei immer
zufrieden und gefesselt von der Liebe, die du
in deiner Ehe erfährst.*

nach Sprüche 5,18–19

Du bist vielleicht im Moment noch zu jung zum
Heiraten. Aber bestimmt denkst du immer wieder mal daran. Das tut jeder, und das ist auch
völlig normal. Vielleicht versuchst du dir die Person vorzustellen, mit der du einmal dein Leben
teilen wirst. Oder wie es sich anfühlt, jemanden
mit Haut und Haaren zu lieben. Wie würde es
sich anfühlen, wenn diese Person dich auch in
guten wie in schlechten Tagen lieben würde? Und
wie wäre es, Sex zu haben? Wirst du einmal Kinder haben? Wahrscheinlich gehen dir solche und
noch viel mehr Gedanken hin und wieder durch
den Kopf.

Es ist gut, sich über diese Dinge Gedanken zu machen und dadurch eine gute und gesunde Vorstellung von Ehe zu entwickeln. Man kann sagen: Es ist eine Art der Vorbereitung. Sogar beim Lesen in Gottes Wort kannst du viel über die Ehe lernen. Dort erfährst du, wie eine gute Ehe funktioniert und wie eben nicht.

Dann jedoch kannst du alles wieder getrost in Gottes Hände abgeben – ob oder ob du nicht heiratest ebenso wie wann oder wen du heiratest. Du kannst dich nun wieder den Herausforderungen des täglichen Lebens stellen – und damit hast du genug zu tun. Ob du es glaubst oder nicht: Alle Freundschaften und Beziehungen, die du momentan führst, bereiten dich auf die eine oder andere Weise auf eine spätere Ehe vor.

So wie du Gott dein Leben anvertraust, darfst du ihm auch deine Zukunft und die ganze Sache mit der Ehe anvertrauen. Du darfst dir sicher sein, dass Gott die besten Absichten mit dir hat. Wenn die richtige Zeit für deine Ehe gekommen ist, wirst du der Erste (okay, vielleicht auch der Zweite) sein, der es merkt!

Wie sich das Gesicht im Wasser spiegelt, so spiegelt das Herz die Person wider.
nach Sprüche 27,19

11 BEWAHRE DEINEN GLAUBEN

Ich liebe, die mich lieben,
und die mich suchen, finden mich.

Sprüche 8,17

SCHAU NACH VORNE,
UND SIEH,
WAS VOR DIR LIEGT.

Gott wird dich führen

Vertraue auf Gott in allem und vertraue nicht auf deine eigenen Antworten. Suche Gott in allem, was du tust, und er wird dir den Weg zeigen, den du gehen sollst.

nach Sprüche 3,5–6

Bereitet dir der Gedanke, dass der allmächtige Gott des Universums sich Zeit nehmen möchte, um dir den Weg zu zeigen, den du in deinem Leben gehen sollst, Gänsehaut? Wenn ja, ist das großartig. Leider ist es aber so, dass wir uns diese Tatsache häufig nicht bewusst machen, weil wir oft viel zu klein von Gott denken. Die Wahrheit ist: Keiner von uns Menschen kann sich auch nur ansatzweise vorstellen, wie groß, wunderbar und allmächtig Gott tatsächlich ist. Wegen unserer eingeschränkten Vorstellungskraft versuchen wir daher oft, Gott einzugrenzen.

Wenn wir Gott eingrenzen, schränken wir dadurch automatisch unseren Glauben ein. Darum sollten wir uns besser die Zeit nehmen und sein

Wort lesen, mit ihm reden und versuchen, ihn zu verstehen, anstatt uns immer nur vorzustellen, dass Gott zu klein, zu beschäftigt oder was auch immer ist. In der Folge wird unser Glaube natürlich (oder vielmehr übernatürlich) wachsen. Anstatt uns einfach auf unsere eingeschränkte Vorstellungskraft zu verlassen, werden wir schließlich anfangen, ihm mehr und mehr zu vertrauen. Dadurch werden wir entspannter, und über kurz oder lang werden wir ihm erlauben, uns dorthin zu führen, wo er uns haben will. Das ist der beste Platz überhaupt!

Wenn du dir also das nächste Mal Gedanken machst über Gottes Fähigkeit, dich zu leiten, halte inne und überprüfe deine eigene Fähigkeit, ihm zu glauben, ihm zu vertrauen und ihn beim Wort zu nehmen. Nimm dir Zeit, ihm deine Zweifel zu nennen, und bitte ihn, dass er deinen Glauben wachsen lässt. Und dann lass los und lass Gott machen!

Im Glauben wachsen

*Höre immer auf mich, denn ich werde dir
große und erstaunliche Dinge sagen. Und
alles, was ich dir sage, ist richtig. Mein
Ratschlag ist brauchbar und gut für dich.
Und meine Worte kannst du leicht verstehen.*

nach Sprüche 8,6, 8–9

So wie du körperlich und geistig im Laufe der Jahre wächst, wächst du auch geistlich. Geistliches Wachstum ist allerdings schwer messbar. Gerade dann, wenn man meint, Glaubensfortschritte zu entdecken, werden wir wieder zurückgeworfen, um uns anschließend kleiner zu fühlen als zuvor. Doch das ist gut so. Denn je mehr du dich Gott nahst, desto mehr werden dir deine Fehler und Übertretungen bewusst. Heißt das, dass du schlechter wirst? Nein! Es zeigt dir nur, dass du sensibler wirst und erkennst, was Gott in deinem Leben bewirkt.

Der Baum ist ein Beispiel für echtes geistliches Wachstum. Stell dir jetzt einfach mal einen Baum vor. Gott ist der Baumstamm und du bist einer der Äste. Um stärker und größer zu werden (lassen wir mal die Blätter und Früchte außen vor), musst du als kleiner Ast mit dem Baumstamm verbunden sein, damit dieser lebensspendende Saft bis in deine Spitze vordringen kann.

So ist es auch im Glaubensleben. Wir müssen fest mit Gott verbunden sein – nicht nur um zu wachsen, sondern auch um überhaupt am Leben zu bleiben. Denn wie lange kann ein abgebrochener Ast, der auf dem Boden liegt, noch leben?

Also ist die Sache mit dem geistlichen Wachstum doch relativ einfach. Bleibe mit Gott verbunden und du wirst wachsen. Um mit ihm verbunden zu bleiben, sollten wir regelmäßig in seinem Wort lesen, mit ihm sprechen (beten) und dem gehorchen, was er von uns will.

Schreibe meine Gebote
tiefer in dein Herz.
nach Sprüche 7,3

SCHREIBE MEINE GEBOTE TIEFER IN DEIN HERZ.
SPRÜCHE 7,3

Gottes Belohnungen

*Mir gehören alle Reichtümer, und ich gebe
das aus, was mir gefällt. Alle meine Gaben
sind viel wertvoller als alles Gold der Welt.
Meine Belohnungen sind kostbarer als
Geld. Wenn du mich liebst, werde ich meine
Schätze an dich vererben. Ich habe bereits ein
Bankkonto in deinem Namen eröffnet.*

nach Sprüche 8,18–19

Vielleicht ist dir der Gedanke, dass Gott uns eines Tages belohnen wird, fremd. Möglicherweise denkst du, solche Gedanken dürftest du nicht haben, weil du sie für egoistisch, hohl oder einfach falsch hältst. Tatsache ist jedoch, dass Gott sehr oft von Belohnung spricht. Sein Wort ist voll von Versprechen und Belohnungen – gut für diejenigen, die ihn lieben und ihm gehorchen; schlecht für diejenigen, die das nicht tun.

Wenn du in seinem Wort liest, beginnst du zu verstehen, wie viel Lohn und Segen er für uns bereithält – nicht erst im Himmel, sondern bereits hier auf der Erde. Er verspricht uns zum Beispiel

Gesundheit, ein langes Leben, Liebe, Frieden, Freude – alles unbezahlbare Dinge, die man mit Geld nicht kaufen kann. Um diese Dinge zu bekommen, müssen wir jedoch unseren Teil beitragen. Zunächst einmal sollte Gott das Wichtigste in unserem Leben sein und bleiben, ihn solltest du über alles lieben (mehr als deine Freundin oder deinen Freund oder gar deine Familie). Und dann sollten wir ihn immer wieder fragen, was er von uns möchte; er erwartet unseren Gehorsam.

Gott will uns als seinen Kindern noch mehr als der großzügigste Vater mit Geschenken überhäufen. Bedeutet das nun, dass unser Leben immer perfekt sein wird und wir alles bekommen, was wir uns auch nur erträumen? Wahrscheinlich kennst du die Antwort auf diese Frage selbst. Weil Gott nun einmal Gott ist und alles über jeden von uns weiß (egal, ob aus der Vergangenheit, der Gegenwart oder der Zukunft), weiß er auch, was für dich und mich am allerbesten ist. Wenn er uns also mit etwas beschenkt, sieht das auf den ersten Blick möglicherweise nicht gerade nach einem Geschenk aus. Falls er uns zum Beispiel mit „Geduld" beschenken möchte, tut er das vielleicht, indem er uns immer ein Stückchen mehr herausfordert und prüft, um uns Geduld und ihren Wert zu lehren. Trotzdem kann man sagen, dass Geduld ein Geschenk ist, oder?

Und irgendwann kommt einmal der Tag, an dem wir das beste Geschenk überhaupt bekommen: die Ewigkeit mit Gott im Himmel. Das wird etwas sein, das unsere Vorstellungen weit übertrifft – es wird so großartig sein, wie wir es nie zu träumen wagen würden.

Wer lebt, wie Gott es gefällt, erhält sicheren Lohn.
Sprüche 11,18b

WEISHEIT
WIRD DEINE TAGE
VERMEHREN
UND DEINE
LEBENSJAHRE
VERLÄNGERN.

UND WIE GEHT'S JETZT WEITER?

Ich hoffe, dass dich das alte Buch der Sprüche nun ein bisschen mehr fasziniert. Vielleicht bist du auf den Geschmack bekommen, selbst darin zu lesen – oder du hast es schon getan. Ich würde dir vorschlagen, an jedem Tag des Monats ein Kapitel daraus zu lesen; da es 31 Kapitel hat, passt das ganz gut.

In Kombination mit deiner sonstigen Bibellese kann das großen Einfluss auf dein Leben und Denken nehmen. So kannst du das ganze Jahr hindurch jeden Monat immer wieder das ganze Buch der Sprüche durchlesen.

Was dabei total spannend ist: Immer wieder werden dir beim Lesen ein oder zwei Verse besonders auffallen. (Keine Sorge, wenn du nicht alles verstehst; das kann keiner!) Gott wird dich aber im Laufe des Tages immer wieder an diese Verse erinnern. Wenn du dann im nächsten Monat noch einmal das gleiche Kapitel liest, kann es sein, dass ein anderer Vers deine Aufmerksamkeit besonders auf sich zieht. Das ist Gottes Art zu wirken. Vielleicht möchtest du auch ein „Sprüche-Tagebuch" anlegen, um dir bewusst zu machen, wie Gott durch viele dieser Sprüche in dein Leben hineinspricht.

Ich bete dafür, dass Gott dich reichlich segnet – wie auch immer du das jetzt alles umsetzen wirst – und dass du jederzeit mit ihm in Weisheit und Liebe durchs Leben gehst.